M. CHAUVELOT (Charles-Philibert)

Avocat à la Cour Impériale de Paris, ancien juge de paix sup-
plémentaire du 9ᵉ arrondissement, administrateur de la
caisse d'épargne de Paris, officier-rapporteur au conseil de
discipline du 3ᵉ bataillon de la garde nationale.

M. Chauvelot (Charles-Philibert), est né le 10
avril 1798, d'une bonne et honorable famille du
département de l'Yonne.

Son frère, qui, par le privilége de l'âge, en devint le chef à la mort des père et mère, a exercé
pendant trente ans, à Auxerre, les fonctions de
notaire avec tous les honneurs que donnent la
fortune et la considération publique.

A l'âge de vingt-quatre ans, au sortir des bancs
de l'Ecole de Droit, en 1822, M. Chauvelot, après
avoir obtenu tous ses grades avec *éloge* (c'est-à-
dire avec *boules blanches*), débuta, comme avocat, au barreau d'Auxerre, l'un des plus *forts* par
le *talent* du ressort de la cour de Paris. Sa pre-
mière cause fut un premier succès, une sorte de
triomphe *extra-départemental*; il sauva la tête
d'une pauvre jeune femme de Vezclay, qui, dé-
laissée par son amant, fut traduite en cour d'as-
sises comme incendiaire de la maison de ce dernier, et ce, par suite des seuls indices tirés du
propos que voici : *Je le ferai griller comme un
rat s'il épouse une autre que moi.*

En 1826, M. Chauvelot traita d'une charge
d'avoué à la cour royale de Paris. Pendant cinq
ans seulement, il exerça ces nouvelles fonctions,
de façon à se concilier, non-seulement l'estime
des magistrats, mais l'*amitié vraie* de tous ses
confrères. Les registres de la chambre de discipline des avoués prouvent en sa faveur une chose
assez rare : *C'est que jamais sa conduite ne fut
l'objet d'une plainte de la part d'un client, ni
même d'un simple reproche d'aucun de ses col-
lègues.* Or, on sait qu'au palais un *prétexte* suffit
d'ordinaire, pour traduire le *justiciable* devant la
chambre de ses *pairs*.

Ce fut donc sous les meilleurs auspices que
M. Charles Chauvelot entra, il y a vingt-deux
ans (1831), dans les rangs du barreau de Paris.
Personne n'ignore que, par une sorte de *coquet-
terie*, ou plutôt par l'effet. d'une susceptibilité
quelquefois fondée, les membres du conseil de
l'ordre n'admettent pas facilement au tableau ceux
de leurs confrères qui ont antérieurement exercé
des fonctions ministérielles. Par une flatteuse
exception, on ouvrit affectueusement les bras à
M. Charles Chauvelot qui apportait parmi ses nouveaux confrères des mérites dont la réunion n'est
pas commune : un grand dévouement à sa profession et les principes d'un homme de bien,
alliés à une érudition solide, à un jugement droit

et à une élocution distinguée : aussi, lui fallut-il peu d'années pour conquérir une honorable position au barreau de la capitale. Plusieurs des clients considérables de l'étude de l'avoué le suivirent ou revinrent le trouver dans le cabinet de l'avocat, honorable fruit de la haute confiance qu'il leur inspirait.

M. Chauvelot fut notamment chargé de la défense des intérêts des marchands de bois pour l'approvisionnement de Paris, et ce fut à l'occasion d'un procès plaidé par lui et gagné pour eux, en 1845, que, sur l'invitation officieuse de M. Dupin, alors procureur général à la cour de cassation, M. Charles Chauvelot publia une *Notice historique* sur l'invention du flottage des bois en trains, attribuée à Jean Rouvet. Les journaux du temps, et notamment le *Moniteur universel* (31 août 1845), dans un article signé Berville, premier avocat-général, actuellement président de Chambre à la Cour impériale de Paris, l'*Echo français* (4 octobre même année), le *National* (15 janvier 1846) etc., etc., entretinrent le public de ce petit ouvrage en termes flatteurs pour l'auteur.

Par délibération prise en assemblée générale du 25 août 1845, le commerce de bois vota des remerciements à M. Charles Chauvelot pour les *recherches aussi curieuses que savantes* auxquelles il s'était livré dans le but de mettre en *re-*

lief et de faire connaître l'origine d'un *procédé*
simple en apparence, et dont la postérité *oublieuse,*
quelquefois *ingrate ,* bénéficie, sans se douter
même des efforts de génie et des frais énormes
qu'il a coûtés, dans le principe, à celui qui l'a
conçu ou exécuté. Une chose qu'il est juste d'a–
jouter, à propos de la *Notice* dont il s'agit, c'est
que non-seulement elle est curieuse et savante,
mais qu'elle se distingue par des détails piquants
et spirituels, et par un style d'une animation et
d'une élégance continuelles.

M. Charles Chauvelot devint aussi bientôt le
conseil du journal le *Constitutionnel,* conjointe–
ment avec M. Barthe, aujourd'hui sénateur et pre–
mier président de la Cour des comptes, avec le–
quel il a constamment entretenu des relations
affectueuses.

Dans le cours de l'exercice de sa profession
d'avocat, M. Chauvelot a reçu un témoignage de
reconnaissance, d'autant plus flatteur qu'il est rare
au temps où nous vivons : Depuis un assez grand
nombre d'années, il donnait des conseils à Ma–
dame la comtesse de Bailleul, chanoinesse de
Malte et fille de l'ancien premier président au
parlement de Rouen. Cette dame, par son testa–
ment, déposé en l'étude de M⁰ Desprez, doyen des
notaires de Paris, a légué à son avocat et son exé–
cuteur testamentaire, une portion de son immense

patrimoine, en termes magnifiques sur son dévouement aussi bien que sur son désintéressement.
Nous croyons savoir pertinemment et pouvons, en
conséquence, affirmer que si M. Chauvelot, un
moment infidèle aux principes de toute sa vie, eût
voulu *accepter*, plusieurs millions auraient grossi
sa fortune.

Ce fait de la vie privée, bien qu'il n'ait donné
lieu à aucune contestation judiciaire, a pris néan-
moins la proportion d'un événement, et a fait
quelque sensation au palais : les uns y ont ap-
plaudi, d'autres (en plus grand nombre) l'ont en-
vié ; mais, sans contredit, il fait autant d'honneur
à celui qui en fut l'objet, qu'à la personne même
qui a exercé la libéralité, en cédant aux seules
inspirations d'une estime profondément sentie.

Un autre prix non moins mérité des qualités
qui distinguent M. Charles Chauvelot, ce fut d'être
appelé sous le dernier gouvernement aux fonctions de juge de *paix-suppléant* du 9ᵉ arrondissement de Paris. Comme il était facile de s'y at-
tendre, tant qu'il a conservé ces importantes
fonctions, il les a remplies de la manière la plus
zélée et la plus paternelle, faisant ainsi voir qu'il
comprenait l'esprit de la sage institution à laquelle il appartenait, et qu'il avait à cœur d'en
réaliser les bienfaits.

Cette honorable conduite n'a point empêché

les révolutionnaires de février d'éloigner M. Chauvelot d'une position dont il n'usa jamais que pour concilier les intérêts des citoyens. Mais nous croyons que ce qui l'a le plus affligé dans cette circonstance, ç'a été de voir son pays retomber dans les malheurs que les révolutions entraînent à leur suite.

Si nous le jugeons ainsi, c'est que nous savons qu'*avant* comme *depuis* les journées de février, il a concouru, autant qu'il a été en lui, soit au maintien des principes de toute société civilisée, soit aux œuvres de moralisation et d'amélioration populaires.

Ainsi, par exemple, au moment où la révolution de 1848 a éclaté, M. Chauvelot allait livrer à la publicité un ouvrage modestement intitulé : *le Livre des Cultivateurs* (dont le prospectus imprimé se trouve chez *Ledoyen, libraire au Palais-Royal*). L'auteur, par le motif que, jusqu'à ce jour, on avait *beaucoup écrit, beaucoup parlé* et *beaucoup fait* en faveur des ouvriers des villes, tandis qu'on n'a presque *rien écrit*, et *encore moins fait* pour les travailleurs des campagnes ; l'auteur, disons-nous, s'était généreusement imposé la tâche de venger de cette indifférence ceux qui n'ont en partage, sous leur chaume solitaire, que de rudes travaux, de cruelles privations, et qui, en toutes saisons, fécondent la terre par la sueur de leur front, et donnent, ainsi, le pain aux ouvriers des villes comme aux autres membres de la grande famille française. Mais, par suite des événements politiques qui sont survenus en France d'une manière si *rapide*, si *inopinée*, si *extraordinaire* depuis 1848, le plan de l'ouvrage de M. Chauvelot a été bouleversé de fond en comble ; et de plus (nous sommes dans l'heureuse nécessité d'en convenir), la plus grande partie des améliorations indiquées et si ardemment désirées par lui ayant été réalisées par la législation, soit de la République, soit du gouvernement actuel de la France (l'Empire de Napoléon III), M. Charles Chauvelot a cru devoir refuser à ses travaux les honneurs de l'impression pour un but désormais atteint en faveur de l'humanité souffrante.

Dans ce *Livre des Cultivateurs*, aussi distingué par l'élégante netteté de sa forme que par la haute importance de son but, M. Chauvelot a caractérisé quelque part la liberté en des termes dont la précision égale la sagesse, et c'est pourquoi nous sommes heureux de reproduire ce passage : « La « liberté, dit-il, n'apparaît sur la terre qu'après « une longue et laborieuse accumulation des siè- « cles. Elle est le fruit précieux de la culture des « facultés de l'homme. C'est un don du ciel à « l'humanité tout entière. Son empire, lorsqu'il « se fonde sur les lois et sur l'ordre, est illimité

« dans sa durée. La liberté, alors, est le thermo-
« mètre invariable du bonheur de la nation sur
« laquelle est descendue cette émanation de la
« Divinité elle-même. »

Mais hâtons-nous de le dire, ce n'est pas seulement par des *abstractions* ou des *doctrines philanthropiques* que M. Chauvelot a servi la cause des classes indigentes et laborieuses. Nommé administrateur de la caisse d'épargne de Paris dans les premières années de sa création, il n'a cessé d'en accomplir les fonctions avec une ponctualité religieuse; il a fait davantage : au lendemain de la révolution de février il s'est résolûment exposé à des dangers corporels pour sauver du pillage ce précieux établissement ; voici sommairement dans quelles circonstances : Les *nouveaux déposants*, craignant les suites du désordre général qui régnait alors à Paris, livré à lui-même et sans force armée, voulaient, *tous, confusément, immédiatement, sans formalités,* retirer le fruit de leurs épargnes qu'ils venaient de confier à la caisse; plusieurs fois une irruption violente dans les bureaux fut tentée; M. Chauvelot, par sa parole et son sang-froid, opposa une heureuse résistance. MM. les cinq directeurs de la caisse d'épargne, par une attestation spontanément émanée d'eux, ont rendu hommage au dévouement du courageux administrateur.

Dans les jours néfastes qui ont succédé au ca-
taclysme de février, M. Chauvelot, qui, pendant
les dix-huit ans de sa suppléance à la justice de
paix, avait été légalement dispensé du service de
la garde nationale, n'hésita pas à donner, dans le
1ᵉʳ arrondissement, l'exemple de l'abnégation de
soi-même pour l'intérêt de tous. Les services
rendus par lui sont constatés à l'état-major-géné-
ral par MM. les officiers supérieurs qui l'ont vu à
l'œuvre : ce sont, spécialement, MM. le marquis
de Turgot, ancien colonel, ancien ministre des
affaires étrangères, aujourd'hui ambassadeur à
Madrid, Clary, ancien lieutenant-colonel, sénateur, etc. En ce moment, le citoyen qui faisait
dignement son devoir comme simple soldat, le
fusil sur l'épaule, remplit les fonctions d'officier-
rapporteur au conseil de discipline du 3ᵉ bataillon
de la garde nationale parisienne.

En résumé, *toujours faire ce qu'exigent les
circonstances dans l'intérêt du pays*, telle a été
l'invariable et constante devise de M. Chauvelot.
C'est à une semblable conduite dans les situations
diverses où il a été placé, qu'il a dû l'estime uni-
verselle et l'amitié toute particulière de son en-
tourage. Et d'abord, l'honorable et si regrettable
Philippe Dupin (dont l'attachement pour lui était
si connu au palais) n'a pas permis qu'un autre
que lui-même s'occupât de son établissement par

mariage. Ensuite MM. Duvergier et Boinvilliers, anciens bâtonniers, de Vatimesnil, ancien ministre de l'instruction publique, etc., ont exprimé par écrit l'attachement tout confraternel qu'ils portaient à M. Chauvelot.

Voici dans quelles circonstances ces sentiments de sympathie eurent une occasion nouvelle de se manifester. On désirait ardemment voir M. Chauvelot rétabli sur son siége de *suppléant-juge de paix*, d'où il était révolutionnairement descendu. Pour le succès des démarches, le concours du président de l'Assemblée législative de 1850 était d'un grand poids; à cet effet la plume du savant continuateur de Toullier a tracé les paroles suivantes :

Monsieur le Président,

Je sais que vous portez intérêt à M. Chauvelot, avocat ; permettez-moi de vous dire combien je serai personnellement reconnaissant de la bienveillance que vous voudrez bien lui montrer. Depuis longtemps, membre du conseil et ancien bâtonnier, je connais bien le palais, et je peux vous attester que M. Chauvelot, qui fait partie de l'ordre depuis plus de vingt ans, jouit de l'estime et de l'affection de tous ses confrères. Je suis heureux de pouvoir lui rendre ce témoignage qu'il mérite au plus haut

degré, et que tous les anciens de l'ordre sont dis-
posés à lui donner comme moi.

Veuillez agréer, etc.

DUVERGIER.

25 janvier 1850.

Je joins mon témoignage à celui de M. Duver-
gier, et je suis heureux de trouver cette occasion
d'exprimer la parfaite estime et l'attachement
confraternel que j'ai voués à M. Chauvelot,

DE VATIMESNIL.

Je joins avec le plus vif empressement mon té-
moignage aux honorables témoignages qui pré-
cèdent. M. Chauvelot *est mon confrère au barreau*
depuis vingt ans; il y a mérité l'estime et l'amitié
de tous ses confrères. Son expérience des affaires
et sa copacité, son dévouement courageux dans
l'accomplissement de ses devoirs de citoyen, son
zèle comme administrateur de la Caisse d'épargne,

sont des titres par delà ses titres *anciens, que je me fais un devoir de mentionner ici.*

E. BOINVILLIERS, *bâtonnier.*

Paris, le 26 janvier 1850.

Je joins volontiers mon témoignage personnel à celui de MM. Duvergier et Boinvilliers en faveur de M. Chauvelot, recommandable, à la fois, par son mérite d'avocat, ses travaux, ses écrits et ses services publics.

DUPIN.

Paris, ce 9 février 18

Que pourrions-nous ajouter à ces *témoignages irrécusables de la valeur personnelle de l'honorable M. Chauvelot ?*

DE VAUCHER,

Ancien Secrétaire particulier de M. de Lacretelle,
de l'Académie française.